Impressum
Verlag: BABADADA GmbH, Nedderfeld 112 , 22529 Hamburg
Geschäftsführer / Verlagsleitung: Harald Hof
Druck: Books on Demand GmbH, In de Tarpen 42, 22848 Norderstedt

Imprint
Publisher: BABADADA GmbH, Nedderfeld 112 , 22529 Hamburg, Germany
Managing Director / Publishing direction: Harald Hof
Print: Books on Demand GmbH, In de Tarpen 42, 22848 Norderstedt, Germany

学校
escuela

教室
aula

除
dividir

186/2

黑板
pizarra

校园
patio

老师
maestro/a

纸
papel

书写
escribir

钢笔
bolígrafo

办公桌
escritorio

直尺
regla

书
libro

学生
alumno/a

书包

cartera

铅笔盒

caja de lápices

铅笔

lápiz

卷笔刀

sacapuntas

橡皮擦

goma de borrar

画板

cuaderno de dibujo

图画

dibujo

画笔

pincel

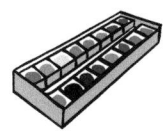

颜料盒

caja de pinturas

剪刀

tijeras

胶水

pegamento

练习册

cuaderno de ejercicios

家庭作业

deberes

12

数字

número

2+2

加

sumar

5-2

减

restar

2×2

乘

multiplicar

计算

calcular

A

字母

letra

ABCDEFG
HIJKLMN
OPQRSTU
VWXYZ

字母表

alfabeto

hello

字

palabra

课文

texto

读

leer

粉笔

tiza

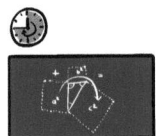

上课

lección

登记

cuaderno de notas

考试

examen

证书

certificado

校服

uniforme escolar

教育

educación

百科全书

enciclopedia

大学

universidad

显微镜

microscopio

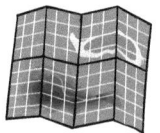

地图

mapa

废纸筐

papelera

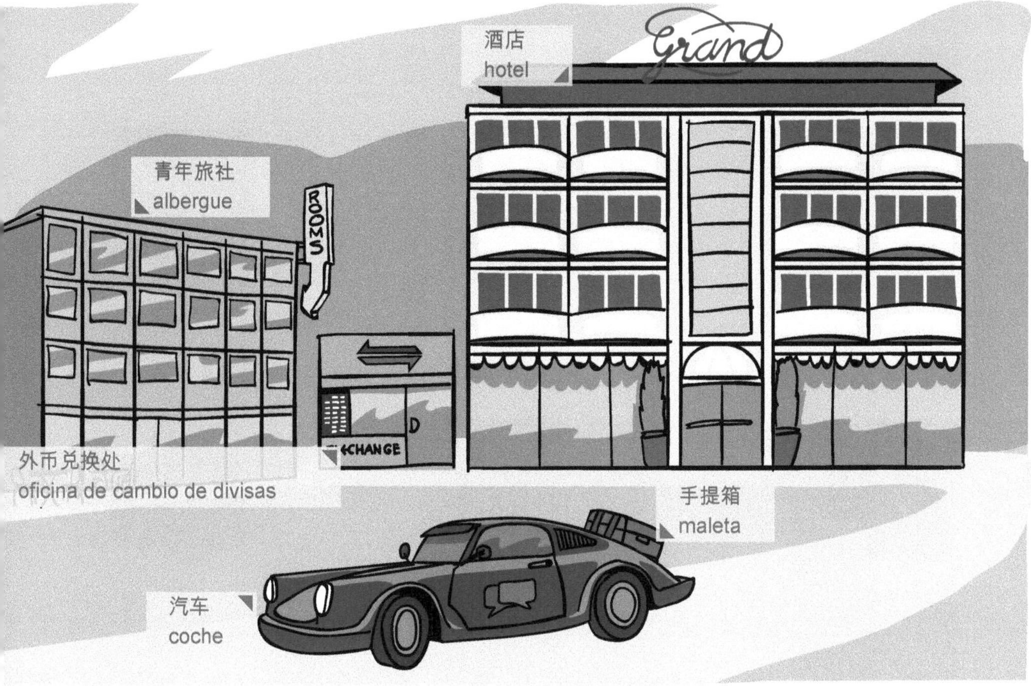

青年旅社
▶ albergue

酒店
hotel

外币兑换处
oficina de cambio de divisas

手提箱
▶ maleta

汽车
▶ coche

语言
idioma

是/否
sí / no

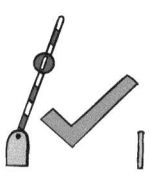

好的
Vale

您好
hola

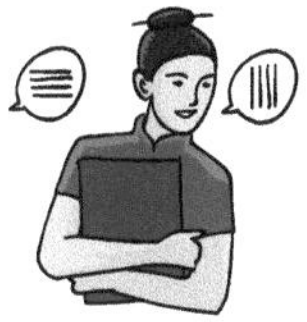

翻译员
traductor

谢谢
Gracias

……多少钱？

¿cuánto es…?

我不明白

No entiendo

问题

problema

晚上好！

¡Buenas tardes!

早上好！

¡Buenos días!

晚安！

¡Buenas noches!

再见

adiós

方向

dirección

行李

equipaje

包

bolsa

双肩包

mochila

客人

invitado

房间

habitación

睡袋

saco de dormir

帐篷

tienda de campaña

旅游信息

información turística

海滩

playa

信用卡

tarjeta de crédito

早餐

desayuno

午餐

almuerzo

晚餐

cena

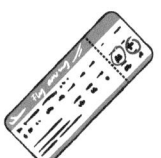

票

billete

电梯

ascensor

邮票

sello

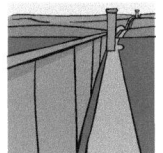

边界

frontera

海关

aduana

大使馆

embajada

签证

visa

护照

pasaporte

交通运输

transporte

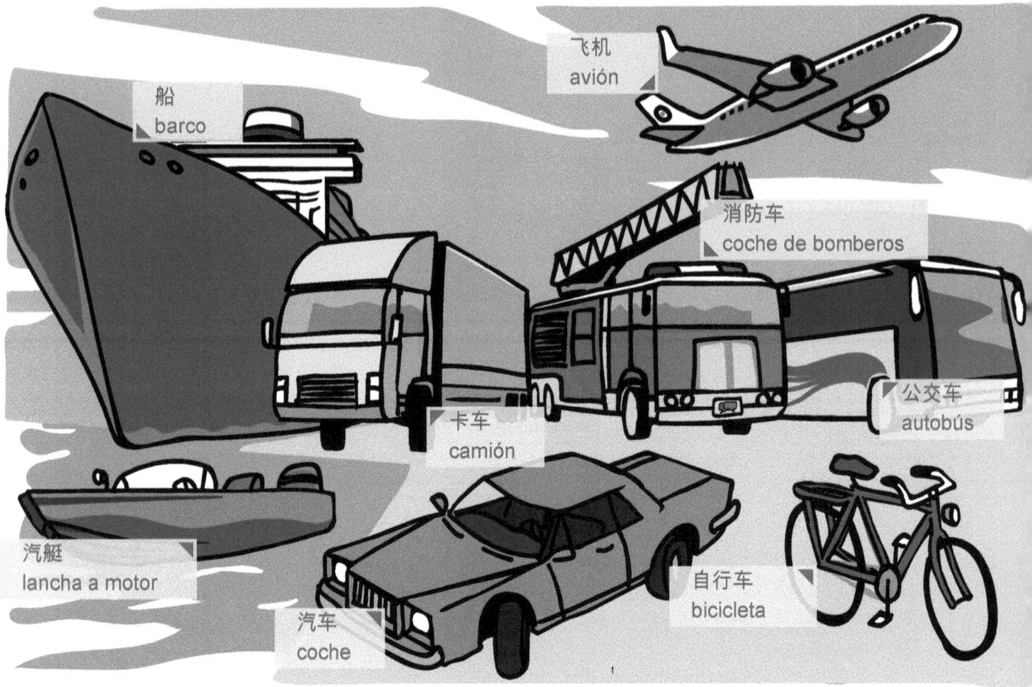

飞机
avión
船
barco
消防车
coche de bomberos
公交车
autobús
卡车
camión
汽艇
lancha a motor
自行车
bicicleta
汽车
coche

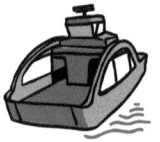

摆渡船

transbordador

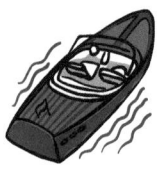

小船

barca

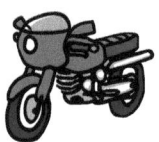

摩托车

moto

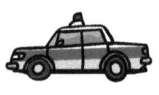

警车

coche de policía

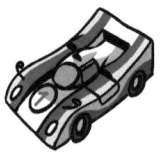

赛车

coche de carreras

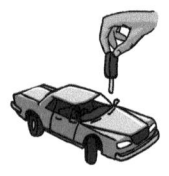

租车

coche de alquiler

拼车

préstamo de vehículos

拖车

grúa

垃圾车

camión de la basura

发动机

motor

汽油

gasolina

加油站

gasolinera

交通标志

señal de tráfico

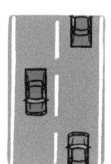

交通

tráfico

交通堵塞

atasco

停车场

aparcamiento

火车站

estación de tren

轨道

vías

火车

tren

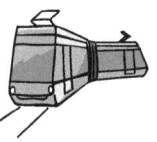

电车

tranvía

货车

vagón

直升机

helicóptero

机场

aeropuerto

塔

torre

乘客

pasajero

集装箱

contenedor

纸板箱

caja de cartón

手推车

carretilla

篮子

cesta

起飞/降落

despegar / aterrizar

城市

ciudad

村庄

pueblo

市中心

centro de ciudad

房子

casa

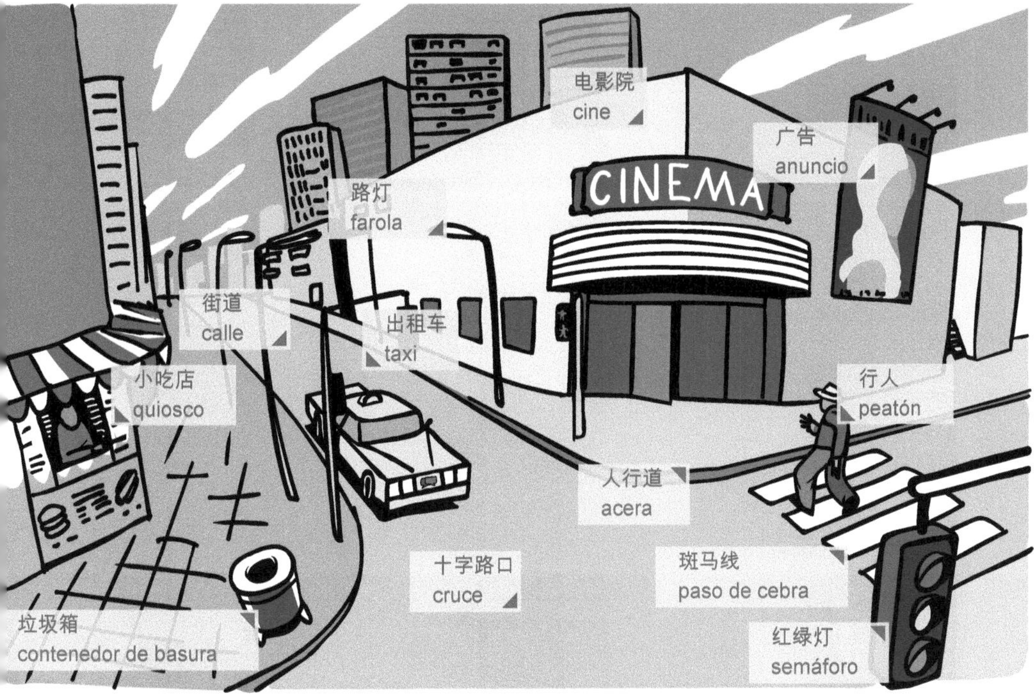

电影院
cine

广告
anuncio

路灯
farola

街道
calle

出租车
taxi

小吃店
quiosco

行人
peatón

人行道
acera

十字路口
cruce

斑马线
paso de cebra

垃圾箱
contenedor de basura

红绿灯
semáforo

小屋

cabaña

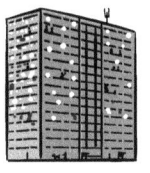

公寓

apartamento

火车站

estación de tren

市政厅

ayuntamiento

博物馆

museo

学校

escuela

城市 - ciudad

大学

universidad

银行

banco

医院

hospital

酒店

hotel

药房

farmacia

办公室

oficina

书店

librería

商店

tienda

花店

floristería

超市

supermercado

市场

mercado

百货商店

grandes almacenes

鱼店

pescadería

购物中心

centro comercial

海港

puerto

公园

parque

长凳

banco

桥

puente

楼梯

escaleras

地铁

metro

隧道

túnel

公交车站

parada de autobús

酒吧

bar

餐馆

restaurante

邮筒

buzón

路标

poste indicador

停车计时器

parquímetro

动物园

zoo

游泳馆

piscina

清真寺

mezquita

农场

granja

污染

contaminación

墓地

cementerio

教堂

iglesia

操场

patio de juego

寺庙

templo

地形

paisaje

树叶
hoja

指示牌
señal

路
camino

草地
prado

石头
piedra

树
árbol

徒步旅行者
excursionista

河
río

草
hierba

花
flor

峡谷
valle

山
colina

湖
lago

森林
bosque

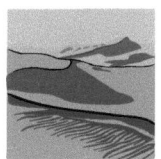

沙漠
desierto

火山
volcán

城堡
castillo

彩虹
arcoíris

蘑菇
champiñón

棕榈树
palmera

蚊子
mosquito

苍蝇
mosca

蚂蚁
hormiga

蜜蜂
abeja

蜘蛛
araña

甲虫

escarabajo

青蛙

rana

松鼠

ardilla

刺猬

erizo

野兔

liebre

猫头鹰

lechuza

鸟

pájaro

天鹅

cisne

野猪

jabalí

鹿

ciervo

麋鹿

alce

水坝

presa

风力发电机

turbina eólica

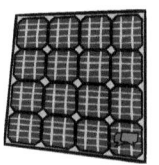

太阳能电池板

panel solar

气候

clima

餐馆
restaurante

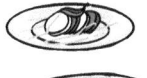

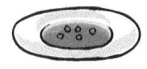

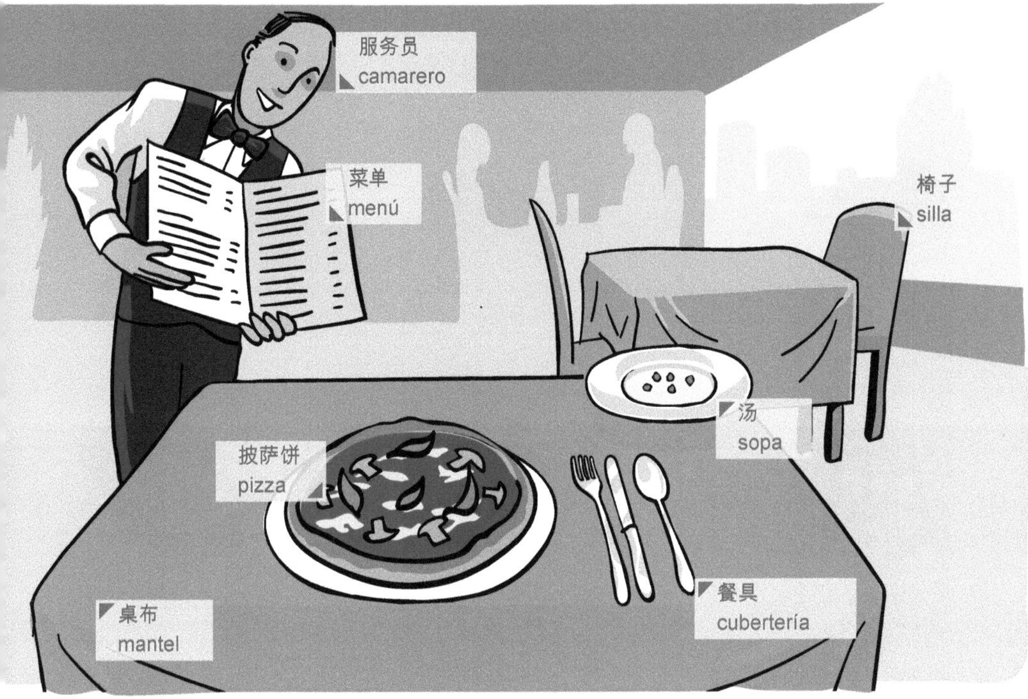
服务员
camarero
菜单
menú
椅子
silla
汤
sopa
披萨饼
pizza
餐具
cubertería
桌布
mantel

前菜

primer plato

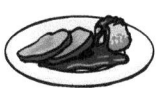

主菜

plato principal

甜点

postre

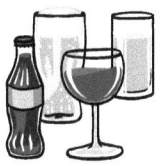

饮料

bebidas

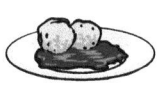

食物

comida

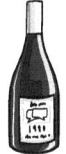

瓶子

botella

快餐

comida rápida

街边小吃

comida callejera

茶壶

tetera

糖盒

azucarero

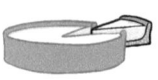

一份饭菜

porción

意式咖啡机

cafetera expreso

高脚椅

trona

账单

cuenta

托盘

bandeja

刀

cuchillo

餐叉

tenedor

勺子

cuchara

茶匙

cucharilla

餐巾

servilleta

玻璃杯

vaso

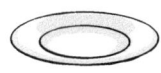

碟子

plato

汤盘

plato hondo

碟子

platillo

酱

salsa

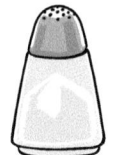

盐瓶

salero

胡椒磨

molinillo de pimienta

醋

vinagre

食用油

aceite

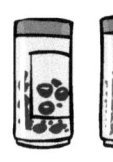

调味料

especias

番茄酱

ketchup

芥末

mostaza

蛋黄酱

mayonesa

超市

supermercado

特价
oferta especial
FOR
顾客
cliente
乳制品
lácteos
水果
fruta
购物车
carro de la compra

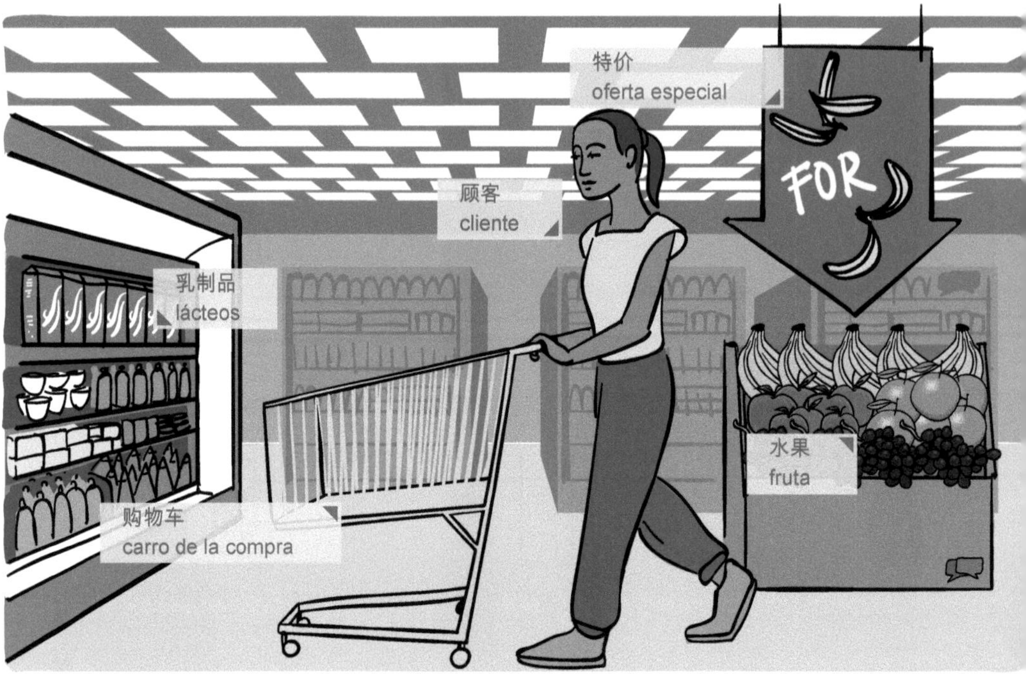

BUTCHERS

肉铺

carnicería

BAKERY

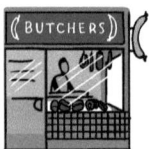

面包房

panadería

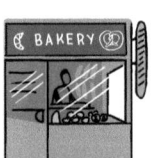

称重

pesar

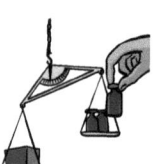

蔬菜

verduras

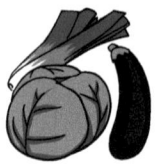

肉

carne

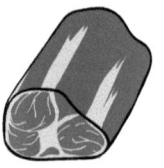

冷冻食品

alimentos congelados

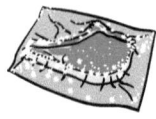

冷盘

fiambres

罐头食品

conservas

洗衣粉

detergente en polvo

甜食

dulces

日用品

productos de uso doméstico

清洁用品

productos de limpieza

销售员

vendedora

收银机

caja

收银员

cajero

购物清单

lista de la compra

开放时间

horario de atención al público

钱包

cartera

信用卡

tarjeta de crédito

袋子

bolsa

塑料袋

bolsa de plástico

水

agua

果汁

zumo

牛奶

leche

可乐

cola

红酒

vino

啤酒

cerveza

酒

alcohol

可可

cacao

茶

té

咖啡

café

意式浓缩咖啡

expreso

卡布奇诺

capuchino

香蕉

plátano

苹果

manzana

橙子

naranja

西瓜

melón

柠檬

limón

胡萝卜

zanahoria

大蒜

ajo

竹子

bambú

洋葱

cebolla

蘑菇

champiñón

坚果

avellanas

面条

fideos

意大利面条

espagueti

米饭

arroz

沙拉

ensalada

薯条

patatas fritas

炸土豆

patatas fritas

披萨饼

pizza

汉堡包

hamburguesa

三明治

sándwich

炸猪排

filete

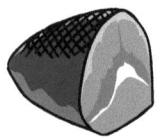

火腿

jamón

萨拉米

salami

香肠

salchicha

鸡肉

pollo

烤肉

asado

鱼

pescado

燕麦片

copos de avena

穆兹利

muesli

玉米片

copos de maíz

面粉

harina

羊角面包

cruasán

面包卷

panecillo

面包

pan

烤面包

tostada

饼干

galletas

黄油

mantequilla

凝乳

cuajada

蛋糕

pastel

蛋

huevo

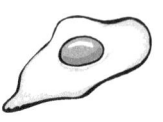

煎蛋

huevo frito

奶酪

queso

冰激凌

helado

糖

azúcar

蜂蜜

miel

果酱

mermelada

巧克力酱

crema de turrón

咖喱饭

curry

农场

granja

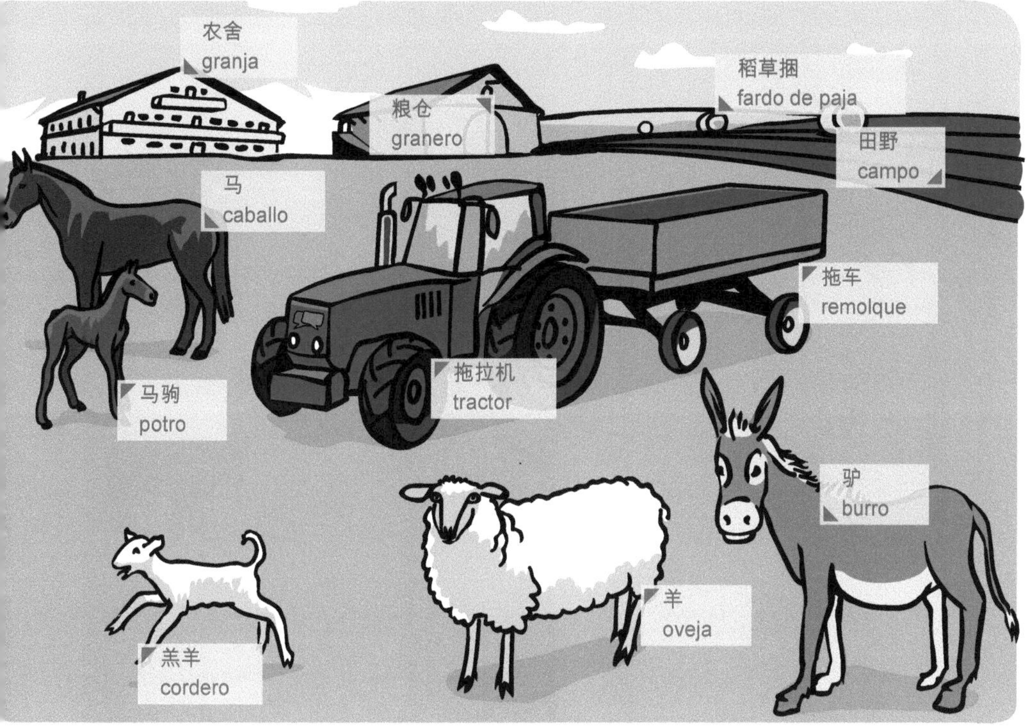

农舍
granja
粮仓
granero
稻草捆
fardo de paja
田野
campo
马
caballo
拖车
remolque
拖拉机
tractor
马驹
potro
驴
burro
羊
oveja
羔羊
cordero

山羊

cabra

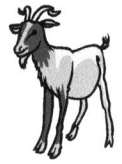

奶牛

vaca

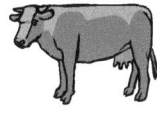

牛犊

ternero

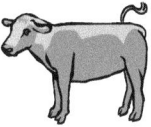

猪

cerdo

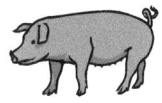

小猪

cerdito

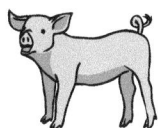

公牛

toro

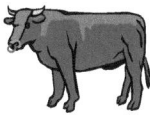

鹅

ganso

鸭

pato

小鸡

pollo

母鸡

gallina

公鸡

gallo

鼠

rata

猫

gato

老鼠

ratón

牛

buey

狗

perro

狗屋

perrera

花园浇水软管

manguera

洒水壶

regadera

长柄大镰刀

guadaña

犁

arado

镰刀

hoz

锄头

azada

长柄草耙

horca

斧头

hacha

独轮手推车

carretilla

饲料槽

abrevadero

牛奶罐

lechera

麻布袋

saco

栅栏

valla

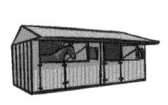

马厩

establo

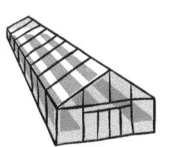

温室

invernadero

土壤

suelo

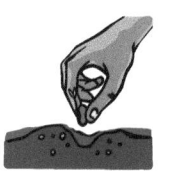

种子

semilla

肥料

fertilizador

联合收割机

cosechadora

收割

cosechar

收割

cosecha

山药

ñame

小麦

trigo

大豆

soja

土豆

patata

玉米

maíz

油菜籽

semilla de colza

果树

árbol frutal

树薯

mandioca

谷物

cereales

房子
casa

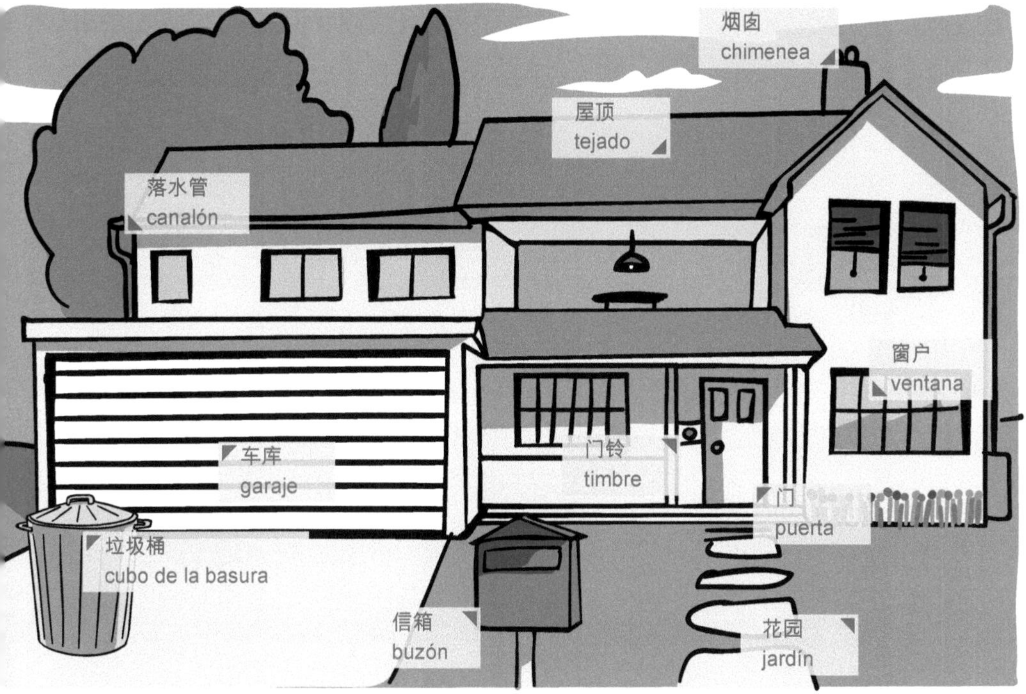
烟囱
chimenea
屋顶
tejado
落水管
canalón
窗户
ventana
车库
garaje
门铃
timbre
门
puerta
垃圾桶
cubo de la basura
信箱
buzón
花园
jardín

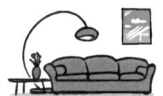

客厅
sala

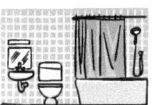

浴室
cuarto de baño

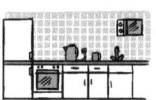

厨房
cocina

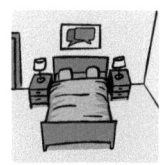

卧室
dormitorio

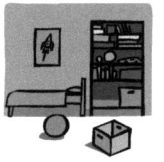

儿童房
habitación de los niños

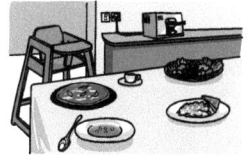

餐厅
comedor

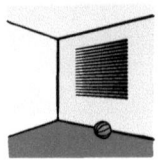

地板
suelo

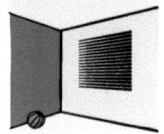

墙壁
pared

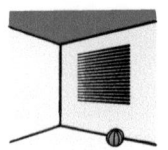

吊顶
techo

地窖
sótano

桑拿
sauna

阳台
balcón

露台
terraza

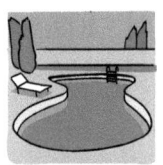

游泳池
piscina

割草机
cortacésped

被单
sábana

床罩
colcha

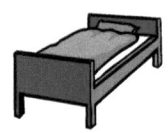

床
cama

扫帚
escoba

水桶
balde

开关
interruptor

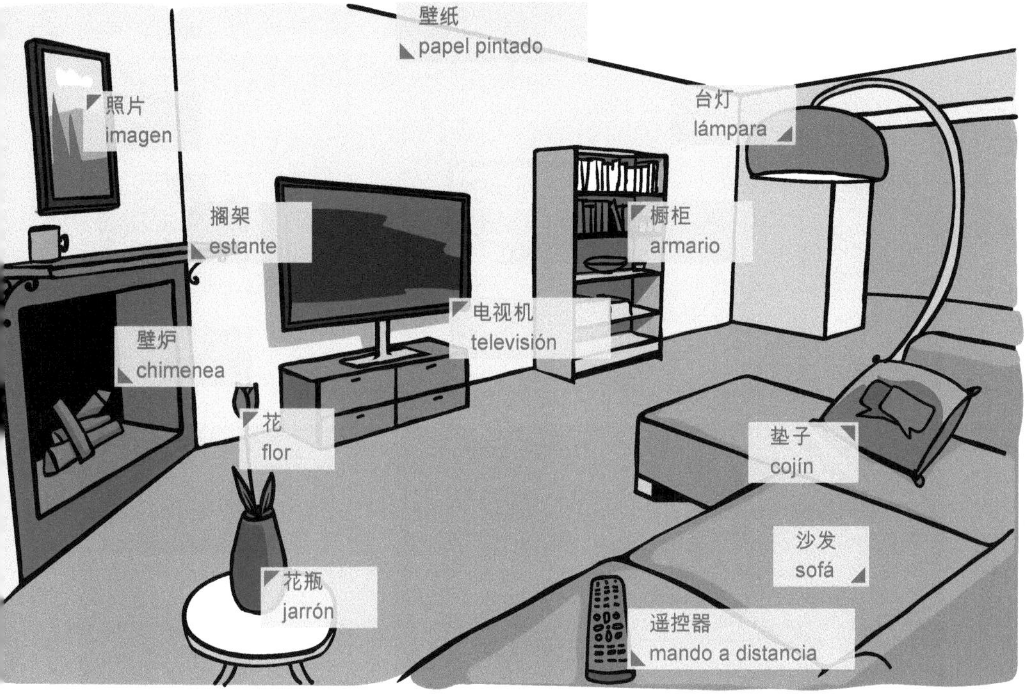

壁纸
papel pintado

照片
imagen

台灯
lámpara

搁架
estante

橱柜
armario

壁炉
chimenea

电视机
televisión

花
flor

垫子
cojín

沙发
sofá

花瓶
jarrón

遥控器
mando a distancia

地毯
alfombra

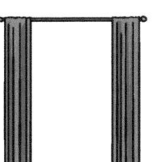

窗帘
cortina

餐桌
mesa

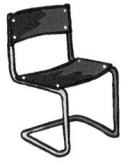

椅子
silla

摇椅
mecedora

扶手椅
butaca

书

libro

毯子

manta

装饰品

decoración

木柴

leña

电影

película

高保真音响

equipo de música

钥匙

llave

报纸

periódico

油画

pintura

海报

póster

收音机

radio

笔记本

cuaderno

吸尘器

aspiradora

仙人掌

cactus

蜡烛

vela

厨房
cocina

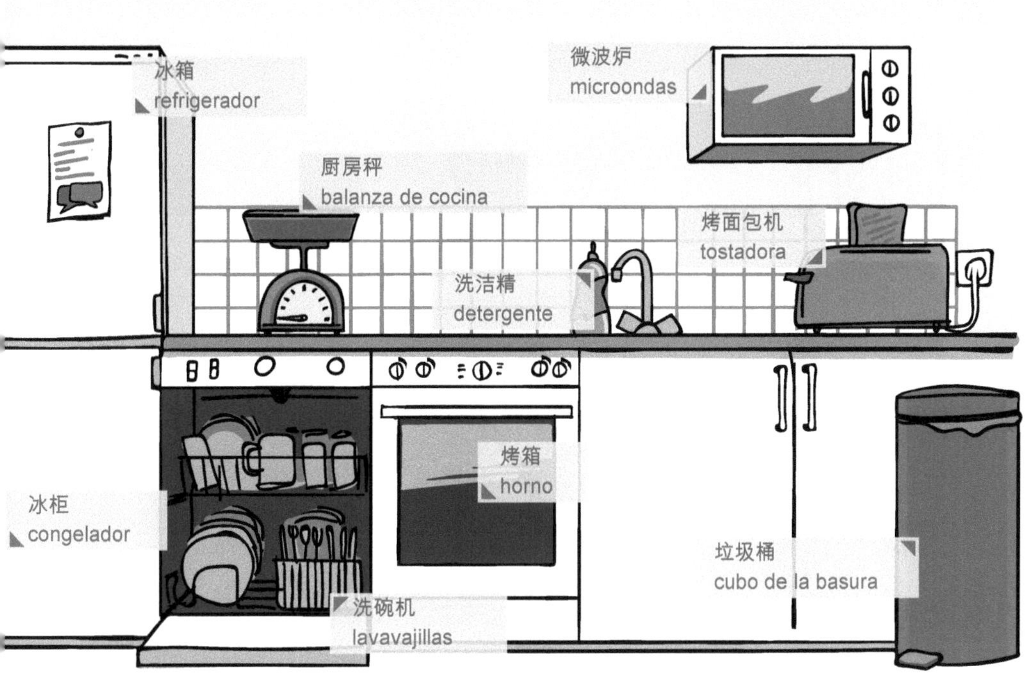

冰箱
refrigerador
微波炉
microondas
厨房秤
balanza de cocina
烤面包机
tostadora
洗洁精
detergente
烤箱
horno
冰柜
congelador
垃圾桶
cubo de la basura
洗碗机
lavavajillas

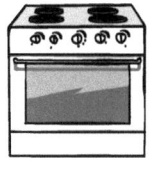

炊具

olla a presión

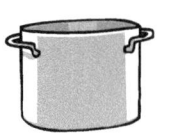

锅

olla

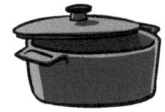

铸铁锅

olla de hierro fundido

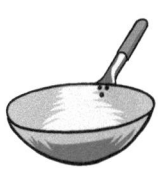

炒锅

wok / karahi

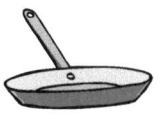

平底锅

cazuela

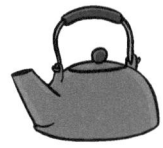

水壶

hervidor

蒸锅

vaporera

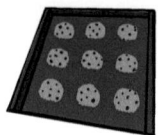

烤盘

chapa de horno

陶瓷锅

vajilla

马克杯

taza

碗

tazón

筷子

palillos

长柄勺

cucharón

铲子

espumadera

搅拌器

batidor

滤网

colador

筛子

cedazo

磨碎机

rallador

研钵

mortero

烧烤

barbacoa

明火

hoguera

菜板

tabla de picar

擀面杖

rodillo

开瓶器

sacacorchos

罐子

lata

开罐器

abrelatas

隔热手套

agarrador

水槽

lavabo

刷子

cepillo

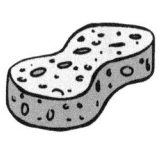

海绵

esponja

搅拌机

batidora

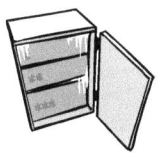

冷藏箱

congelador

奶瓶

biberón

水龙头

grifo

浴室

cuarto de baño

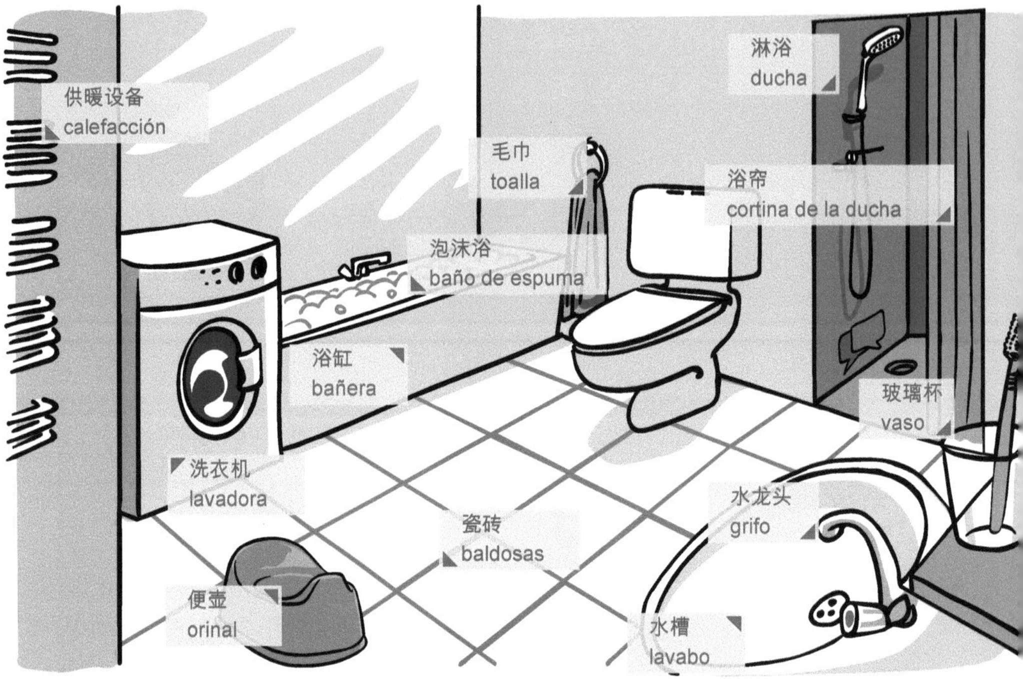

供暖设备
calefacción
毛巾
toalla
淋浴
ducha
浴帘
cortina de la ducha
泡沫浴
baño de espuma
浴缸
bañera
洗衣机
lavadora
瓷砖
baldosas
便壶
orinal
玻璃杯
vaso
水龙头
grifo
水槽
lavabo

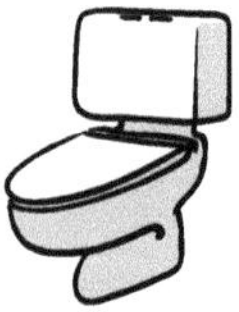

厕所

inodoro

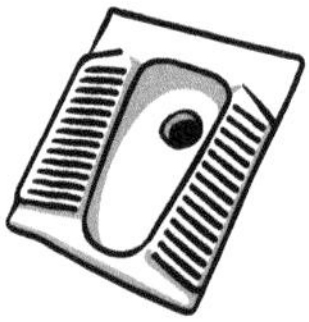

蹲便器

inodoro rústico

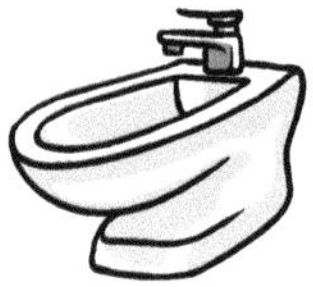

坐浴器

bidé

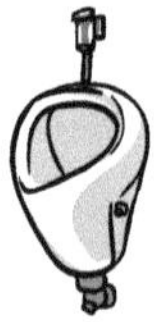

小便池

urinario

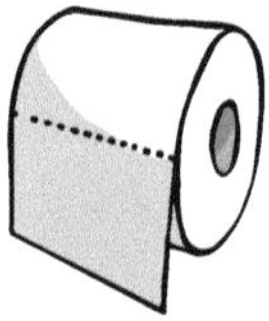

厕纸

papel higiénico

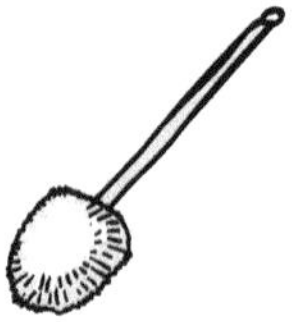

马桶刷

escobilla del váter

牙刷
cepillo de dientes

牙膏
pasta de dientes

牙线
hilo dental

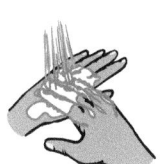

洗
lavar

手持式喷淋头
ducha de mano

冲洗器
ducha íntima

洗脸盆
pila

擦背刷
cepillo de espalda

肥皂
jabón

沐浴露
gel de ducha

洗发水
champú

法兰绒
toallita

排水
desagüe

乳霜
crema

除臭剂
desodorante

镜子

espejo

手镜

espejo de tocador

剃须刀

maquinilla de afeitar

剃须泡沫

espuma de afeitar

须后水

loción postafeitado

梳子

peine

刷子

cepillo

吹风机

secador

喷发定型剂

laca

化妆品

maquillaje

唇膏

pintalabios

指甲油

pintauñas

化妆棉

algodón

指甲剪

cortauñas

香水

perfume

洗漱包

estuche de viaje

凳子

banqueta

计重秤

balanza

浴袍

albornoz

橡胶手套

guantes de goma

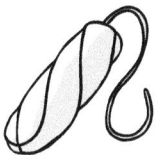

卫生棉条

tampón

卫生巾

compresa

化学厕所

inodoro químico

儿童房
habitación de los niños

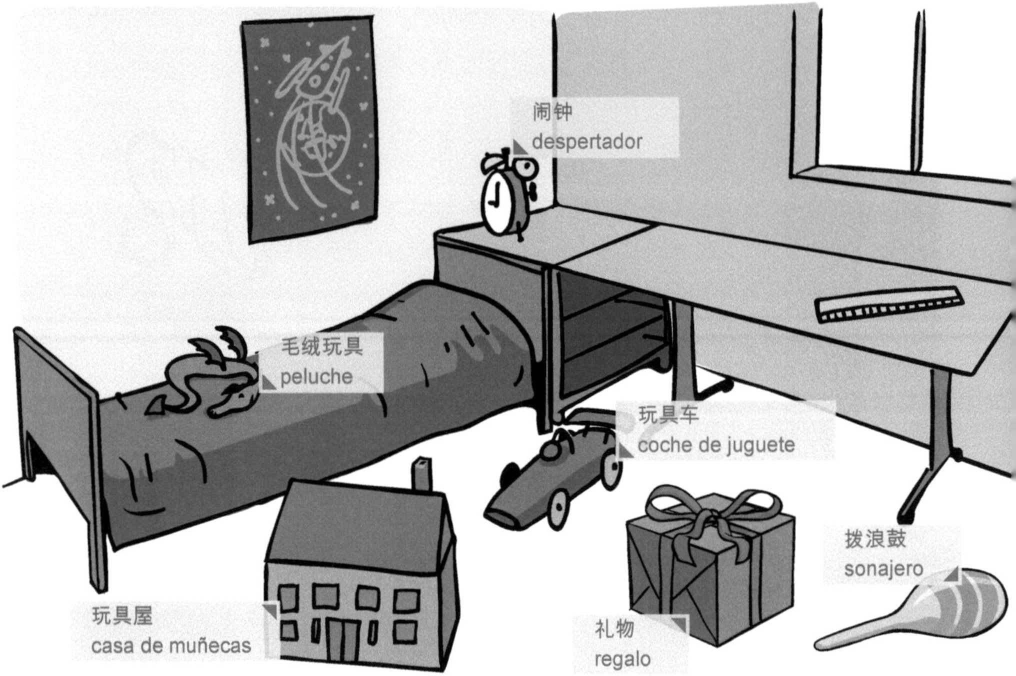

闹钟
despertador
毛绒玩具
peluche
玩具车
coche de juguete
拨浪鼓
sonajero
玩具屋
casa de muñecas
礼物
regalo

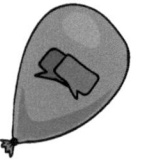

气球

globo

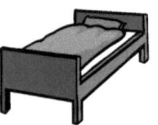

床

cama

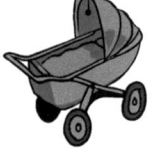

（洋娃娃用）婴儿车

coche de niño

扑克牌

naipes

拼图

puzle

SUPER
MEGA

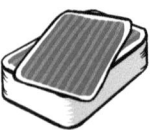

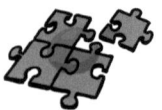

漫画

tebeo

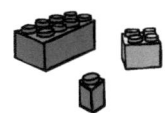

乐高积木

piezas de lego

积木玩具

bloques de juguete

玩具人

figura de acción

婴儿服

bodi (de bebé)

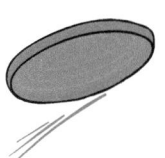

飞盘

frisbee

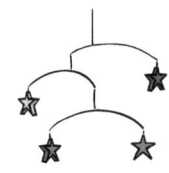

床铃玩具

colgador móvil para bebés

棋盘游戏

juego de mesa

骰子

dados

火车模型

circuito de tren eléctrico

安抚奶嘴

maniquí

聚会

fiesta

绘本

álbum de fotos

球

pelota

洋娃娃

muñeca

玩

jugar

沙坑

cajón de arena

秋千

columpio

玩具

juguetes

游戏机

videoconsola

三轮车

triciclo

泰迪熊

oso de peluche

衣柜

guardarropa

衣服

ropa

袜子

calcetines

长袜

medias

紧身裤

leotardos

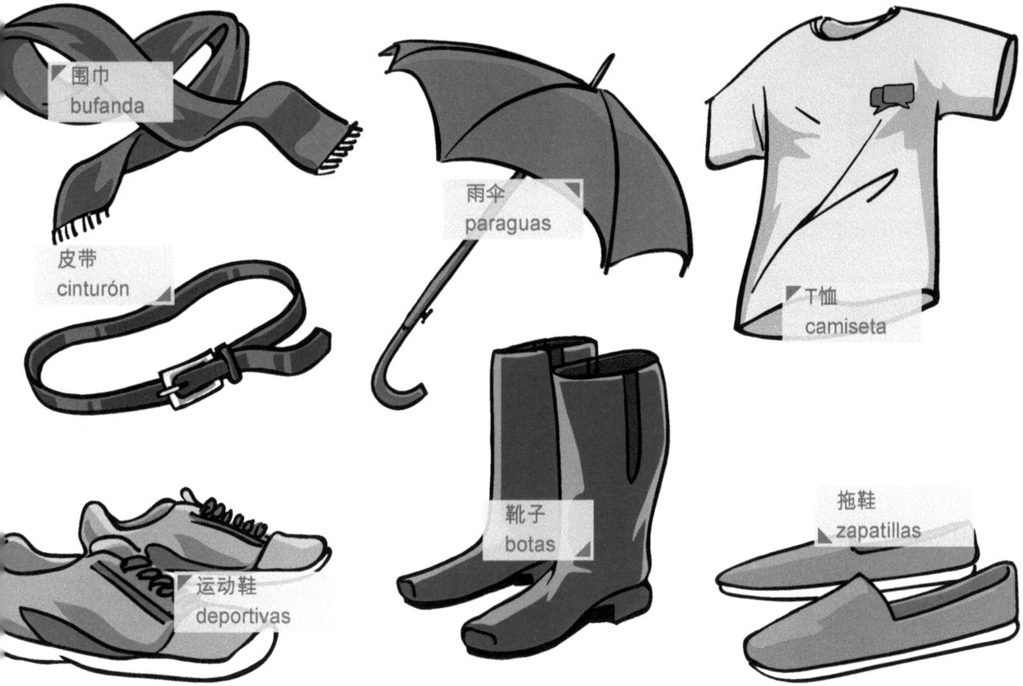

围巾
bufanda

雨伞
paraguas

T恤
camiseta

皮带
cinturón

运动鞋
deportivas

靴子
botas

拖鞋
zapatillas

凉鞋
sandalias

鞋
zapatos

雨靴
botas de goma

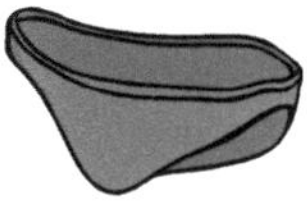

内裤
slip

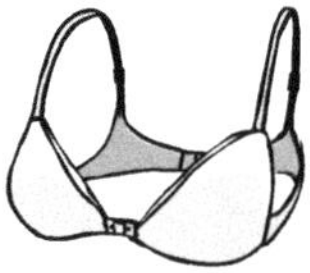

胸罩
sostén

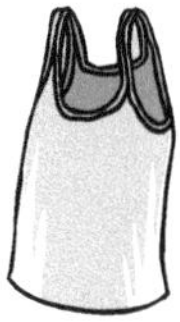

背心
chaleco

身体
bodi

裤子
pantalones

牛仔裤
vaqueros

短裙
falda

女式衬衫
blusa

衬衫
camisa

套头衫
jersey

卫衣
suéter

西装夹克
blazer

夹克
chaqueta

外套
abrigo

雨衣
gabardina

套装
traje

连衣裙
vestido

婚纱
vestido de novia

西装

traje

睡袍

camisón

睡衣

pijama

莎丽

sari

头巾

bandana

包头巾

turbante

波卡

burka

卡夫坦

caftán

(阿拉伯式)长袍

abaya

泳衣

traje de baño

男式泳裤

bañador

短裤

pantalones cortos

运动服

chándal

围裙

delantal

手套

guantes

纽扣

botón

眼镜

gafas

手链

brazalete

项链

collar

戒指

anillo

耳环

pendiente

便帽

gorra

衣架

percha

帽子

sombrero

领带

corbata

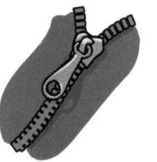

拉链

cremallera

头盔

casco

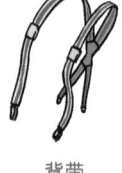

背带

tirantes

校服

uniforme escolar

制服

uniforme

围兜
babero

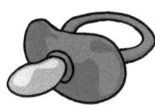

安抚奶嘴
maniquí

尿不湿
pañal

办公室
oficina

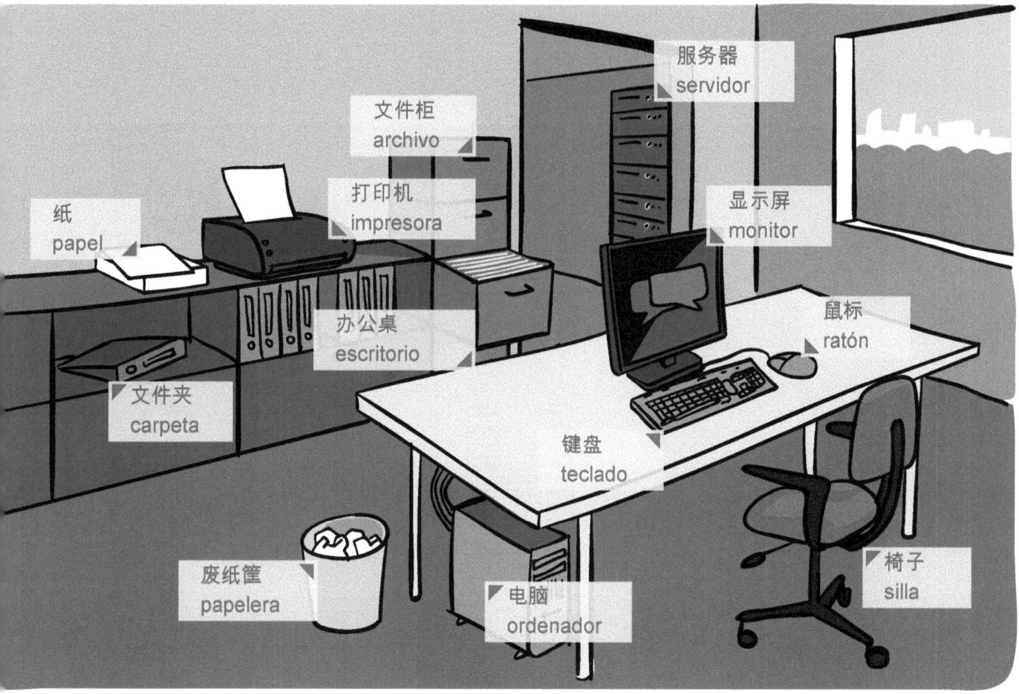

服务器
servidor

文件柜
archivo

打印机
impresora

纸
papel

显示屏
monitor

办公桌
escritorio

鼠标
ratón

文件夹
carpeta

键盘
teclado

废纸筐
papelera

电脑
ordenador

椅子
silla

咖啡杯
taza de café

计算器
calculadora

因特网
internet

笔记本电脑
portátil

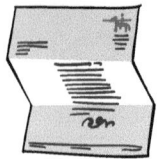

信件
carta

消息
mensaje

手机
móvil

网络
red

复印机
fotocopiadora

软件
software

电话
teléfono

插座
toma de corriente

传真机
fax

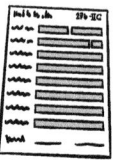

表格
formulario

文件
documento

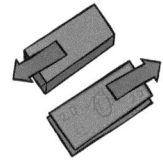

买

comprar

付钱

pagar

交易

comerciar

现金

dinero

美元

dólar

欧元

euro

日元

yen

卢布

rublo

瑞士法郎

franco suizo

人民币

renminbi yuan

卢比

rupia

提款处

cajero automático

外币兑换处

oficina de cambio de divisas

金

oro

银

plata

石油

petróleo

能源

energía

价格

precio

合同

contrato

税金

impuesto

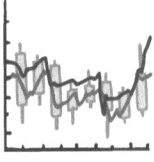

股票

acción

工作

trabajar

职员

empleado

老板

empleador

工厂

fábrica

商店

tienda

警官
agente de policía

消防员
bombero

厨师
cocinero

医生
médico

飞行员
piloto

园丁

jardinero

木匠

carpintero

裁缝

costurera

法官

juez

化学家

farmacéutico

演员

actor

公交车司机

conductor de autobús

出租车司机

taxista

渔夫

pescador

清洁女工

señora de la limpieza

屋顶工

techador

服务员

camarero

猎人

cazador

画家

pintor

面包师

panadero

电工

electricista

建筑工人

obrero

工程师

ingeniero

屠夫

carnicero

水管工

fontanero

邮递员

cartero

士兵

soldado

建筑师

arquitecto

收银员

cajero

花农

florista

理发师

peluquero

售票员

revisor

机械师

mecánico

船长

capitán

牙医

dentista

科学家

científico

拉比

rabino

伊玛目

imán

和尚

monje

牧师

sacerdote

工具
herramientas

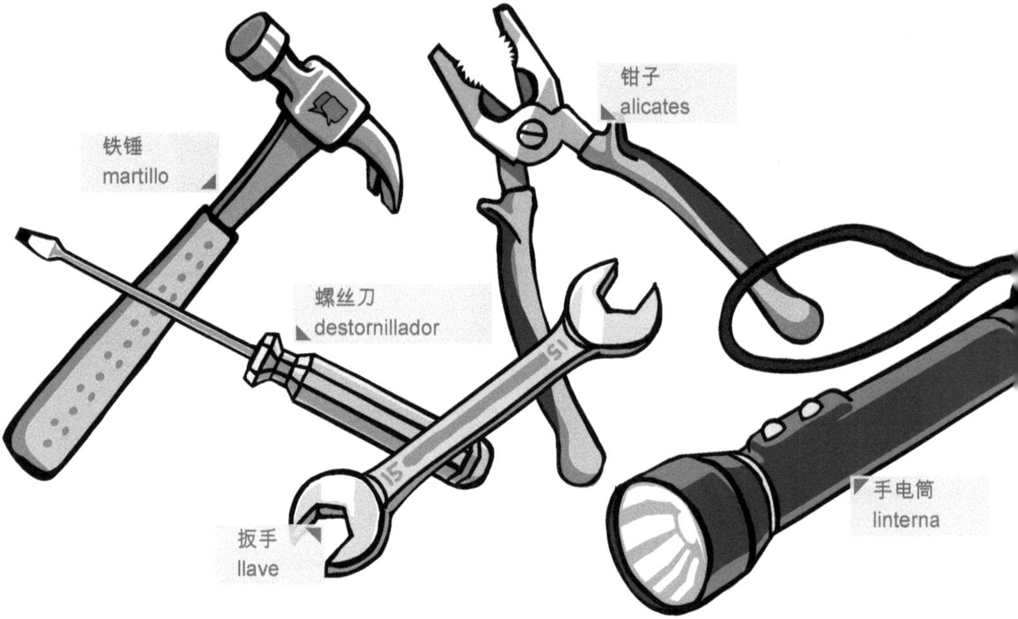
铁锤
martillo
钳子
alicates
螺丝刀
destornillador
扳手
llave
手电筒
linterna

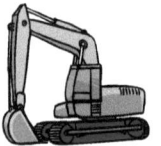

挖掘机

excavadora

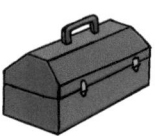

工具箱

caja de herramientas

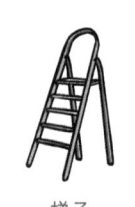

梯子

escalera de mano

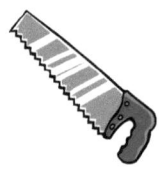

锯子

sierra

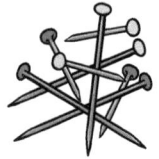

钉子

clavos

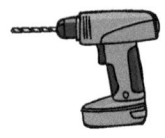

钻机

taladro

修
reparar

铲子
pala

靠！
¡Maldita sea!

簸箕
recogedor

油漆桶
bote de pintura

螺丝
tornillos

乐器
instrumentos musicales

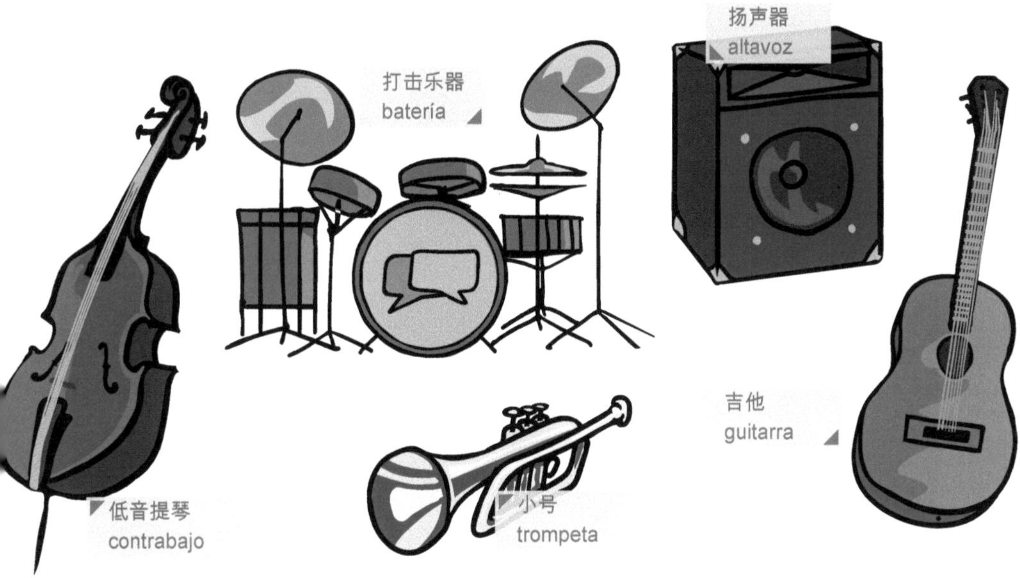

扬声器
altavoz

打击乐器
batería

吉他
guitarra

低音提琴
contrabajo

小号
trompeta

钢琴

piano

小提琴

violín

贝斯

bajo

定音鼓

timbales

鼓

tambor

电子琴

teclado

萨克斯管

saxofón

长笛

flauta

麦克风

micrófono

动物园

ZOO

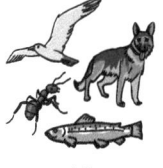

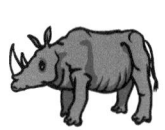

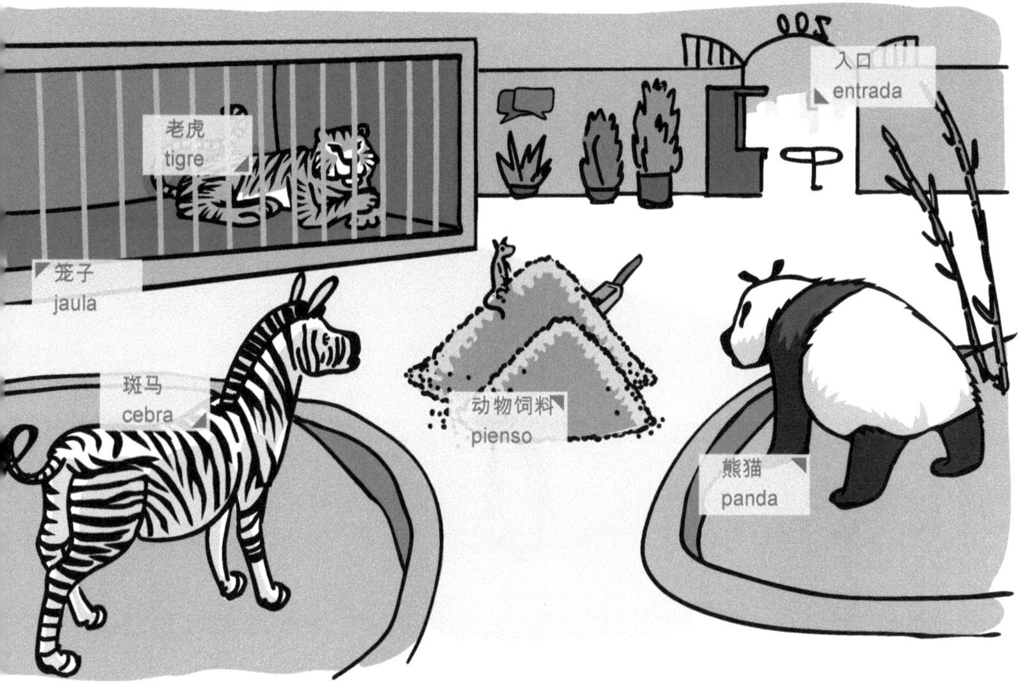

老虎
tigre
入口
entrada
笼子
jaula
斑马
cebra
动物饲料
pienso
熊猫
panda

动物
animales

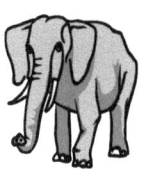

大象
elefante

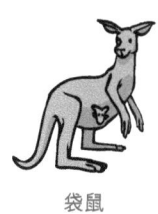

袋鼠
canguro

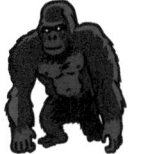

犀牛
rinoceronte

大猩猩
gorila

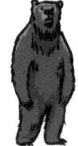

熊
oso

骆驼

camello

鸵鸟

avestruz

狮子

león

猴子

mono

火烈鸟

flamingo

鹦鹉

loro

北极熊

oso polar

企鹅

pingüino

鲨鱼

tiburón

孔雀

pavo real

蛇

serpiente

鳄鱼

cocodrilo

动物园管理员

guardián de zoológico

海豹

foca

美洲豹

jaguar

矮种马
....
poni

豹
....
leopardo

河马
....
hipopótamo

长颈鹿
....
jirafa

老鹰
....
águila

野猪
....
jabalí

鱼
....
pescado

龟
....
tortuga

海象
....
morsa

狐狸
....
zorro

羚羊
....
gacela

橄榄球
fútbol americano

骑自行车
ciclismo

网球
tenis

篮球
baloncesto

游泳
natación

拳击
boxeo

冰球
hockey sobre hielo

英式足球
fútbol

羽毛球
bádminton

田径
atletismo

手球
balonmano

滑雪
esquí

马球
polo

跳
saltar

笑
reír

拥抱
abrazar

走路
caminar

唱
cantar

祈祷
rezar

亲吻
besar

做梦
soñar

书写
escribir

画
dibujar

展示
mostrar

推
empujar

给
dar

拿
tomar

有
tener

做
hacer

当
ser

站
estar de pie

跑
correr

拉
tirar

扔
tirar

摔倒
caer

躺
yacer

等待
esperar

携带
llevar

坐
estar sentado

穿衣
vestirse

睡觉
dormir

醒来
despertar

看
mirar

哭
llorar

抚摸
acariciar

梳头
peinar

交谈
hablar

明白
entender

问
preguntar

听
escuchar

喝
beber

吃
comer

清理
ordenar

爱
amar

做饭
cocinar

开车
conducir

飞
volar

航行

navegar

计算

calcular

读

leer

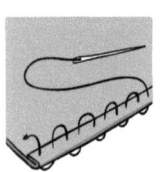

学习

aprender

工作

trabajar

结婚

casarse

缝

coser

刷牙

cepillarse los dientes

杀

matar

抽烟

fumar

寄

enviar

祖母
abuela

祖父
abuelo

父亲
padre

母亲
madre

婴童
bebé

女儿
hija

儿子
hijo

客人
invitado

阿姨
tía

叔叔
tío

兄弟
hermano

姐妹
hermana

身体

cuerpo

前额
frente
眼睛
ojo
肩膀
hombro
手指
dedo
脸
cara
下巴
barbilla
手
mano
腿
pierna
乳房
pecho
手臂
brazo

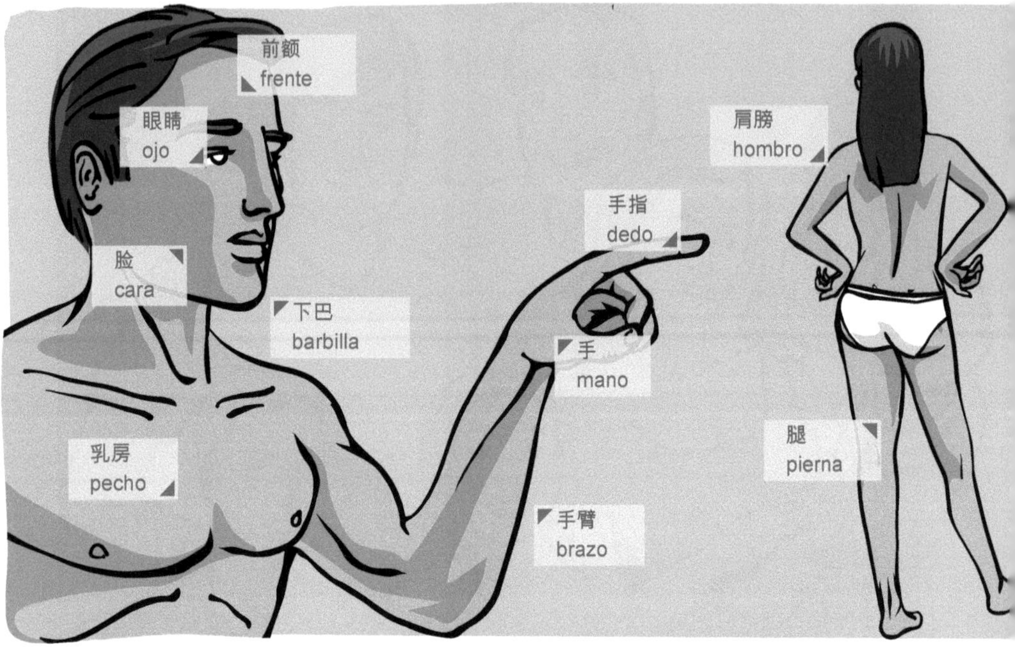

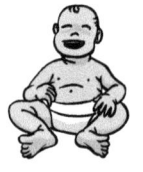

婴童

bebé

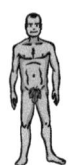

男人

hombre

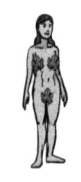

女人

mujer

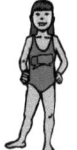

女孩

chica

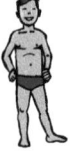

男孩

chico

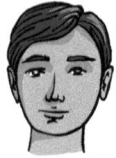

头

cabeza

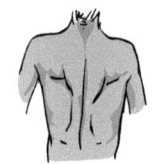

背部

espalda

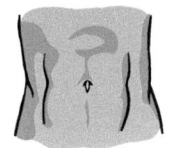

肚子

vientre

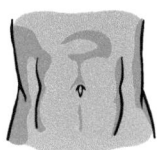

肚脐

ombligo

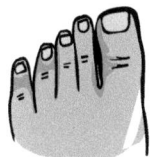

脚趾

dedo del pie

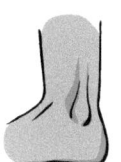

脚后跟

talón

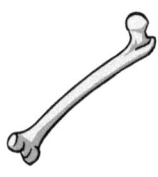

骨头

hueso

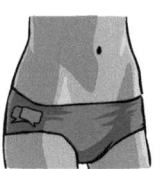

臀部

cadera

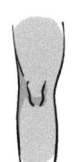

膝盖

rodilla

手肘

codo

鼻子

nariz

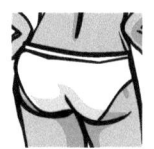

屁股

trasero

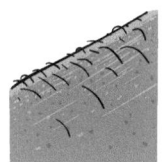

皮肤

piel

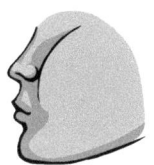

脸颊

mejilla

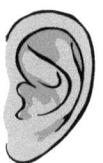

耳朵

oído

嘴唇

labio

嘴

boca

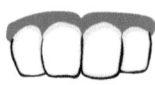

牙齿

diente

舌头

lengua

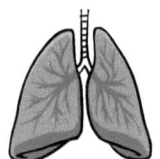

脑

cerebro

心脏

corazón

肌肉

músculo

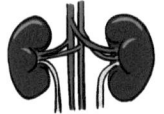

肺

pulmón

肝脏

hígado

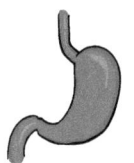

胃

estómago

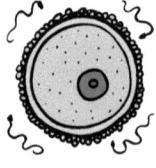

肾脏

riñones

性交

sexo

避孕套

condón

ovario

精子

semen

怀孕

embarazo

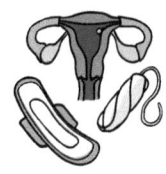

月经

menstruación

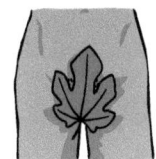

阴道

vagina

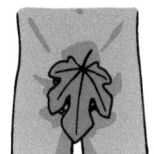

阴茎

pene

眉毛

ceja

头发

pelo

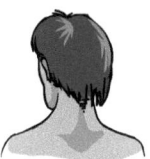

脖子

cuello

身体 - cuerpo

医院

hospital

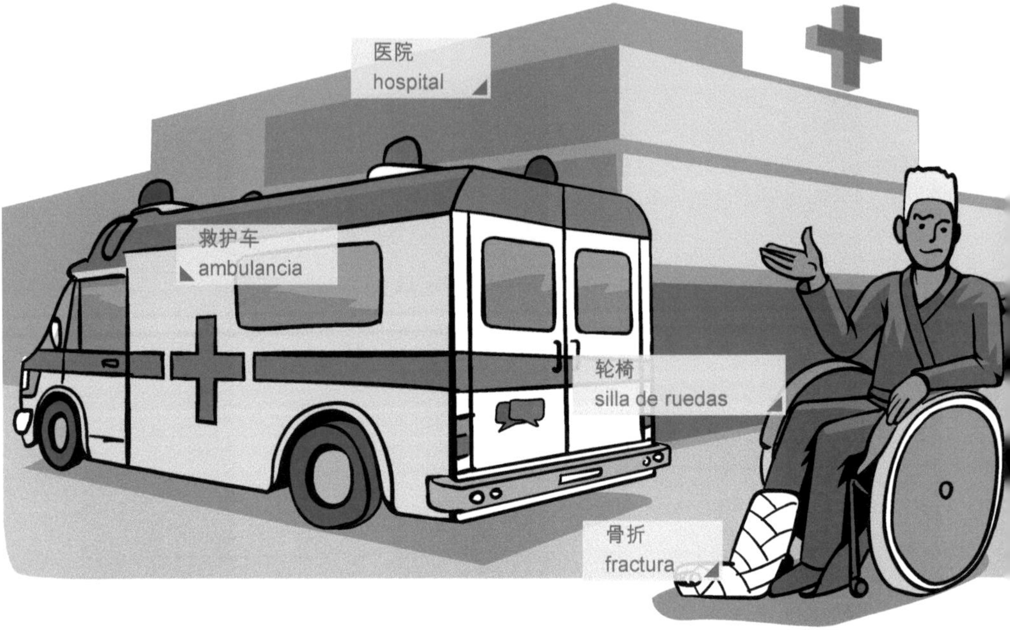

医院
hospital
救护车
ambulancia
轮椅
silla de ruedas
骨折
fractura

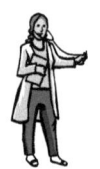

医生

médico

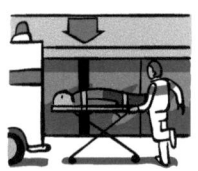

急诊室

sala de urgencias

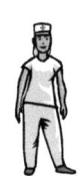

护士

enfermera

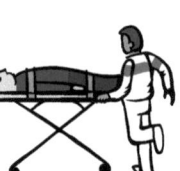

紧急情况

urgencia

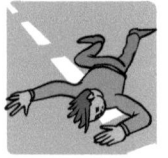

昏迷

inconsciente

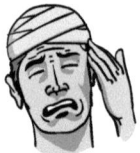

痛

dolor

受伤
lesión

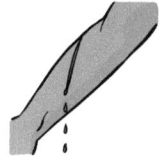

出血
hemorragia

心脏病发作
infarto

中风
ictus

过敏
alergia

咳嗽
tos

发烧
fiebre

流感
gripe

腹泻
diarrea

头痛
dolor de cabeza

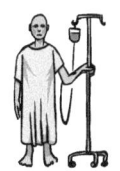

癌症
cáncer

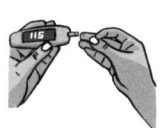

糖尿病
diabetes

外科医生
cirujano

手术刀
bisturí

手术
operación

医院 - hospital

CT

TAC

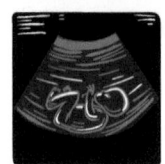

X光

rayos x

超声波

ultrasonido

口罩

mascarilla

疾病

enfermedad

候诊室

sala de espera

拐杖

muleta

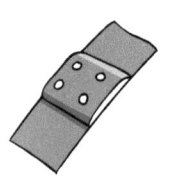

石膏

tirita

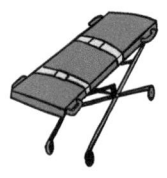

绷带

venda

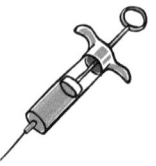

注射

inyección

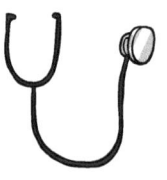

听诊器

estetoscopio

担架

camilla

体温计

termómetro

出生

nacimiento

超重

sobrepeso

助听器

audífono

消毒液

desinfectante

感染

infección

病毒

virus

艾滋病

VIH / SIDA

药物

medicina

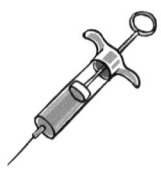

接种疫苗

vacunación

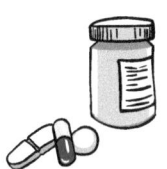

药片

tabletas

药丸

pastilla

急救电话

llamada de urgencia

血压计

tensiómetro

生病/健康

enfermo / sano

救命！

¡Socorro!

警报

alarma

突击

asalto

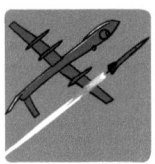

攻击

ataque

危险

peligro

紧急出口

salida de emergencia

着火啦！

¡Fuego!

灭火器

extintor de incendios

意外

accidente

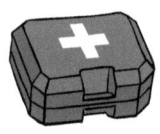

急救箱

botiquín de primeros
auxilios

呼救信号

SOS

警察

policía

欧洲

Europa

北美洲

Norteamérica

南美洲

Sudamérica

非洲

África

亚洲

Asia

澳洲

Australia

大西洋

Atlántico

太平洋

Pacífico

印度洋

Océano Índico

南冰洋

Océano Antártico

北冰洋

Océano Ártico

北极

polo norte

南极

polo sur

南极洲

Antártida

地球

tierra

陆地

tierra

海

mar

岛

isla

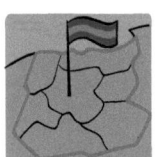

国家

nación

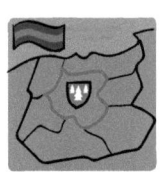

国家

estado

钟面

esfera

时针

manecilla de las horas

分针

minutero

秒针

segundero

现在几点？

¿Qué hora es?

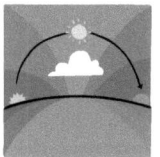

天

día

时间

tiempo

现在

ahora

电子表

reloj digital

分

minuto

时

hora

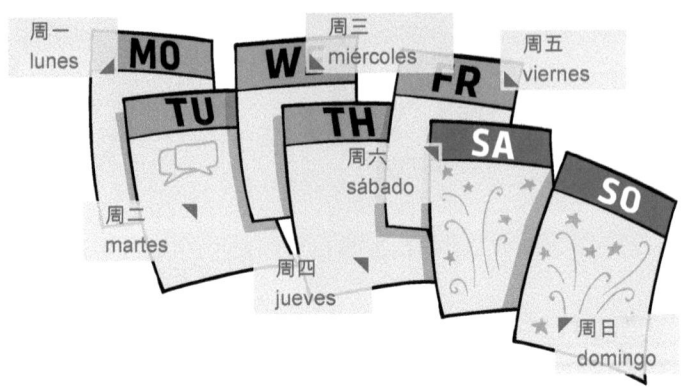

周一
lunes

周三
miércoles

周五
viernes

周二
martes

周四
jueves

周六
sábado

周日
domingo

昨天

ayer

今天

hoy

明天

mañana

早晨

mañana

中午

mediodía

晚上

tarde

工作日

días laborables

周末

fin de semana

年

año

雨
lluvia
彩虹
arcoíris
风
viento
雪
nieve
春
primavera
夏
verano
秋
otoño
冬
invierno

4.APRIL 11°
5.APRIL 4°
6.APRIL 13°
7.APRIL 8°
8.APRIL 10°

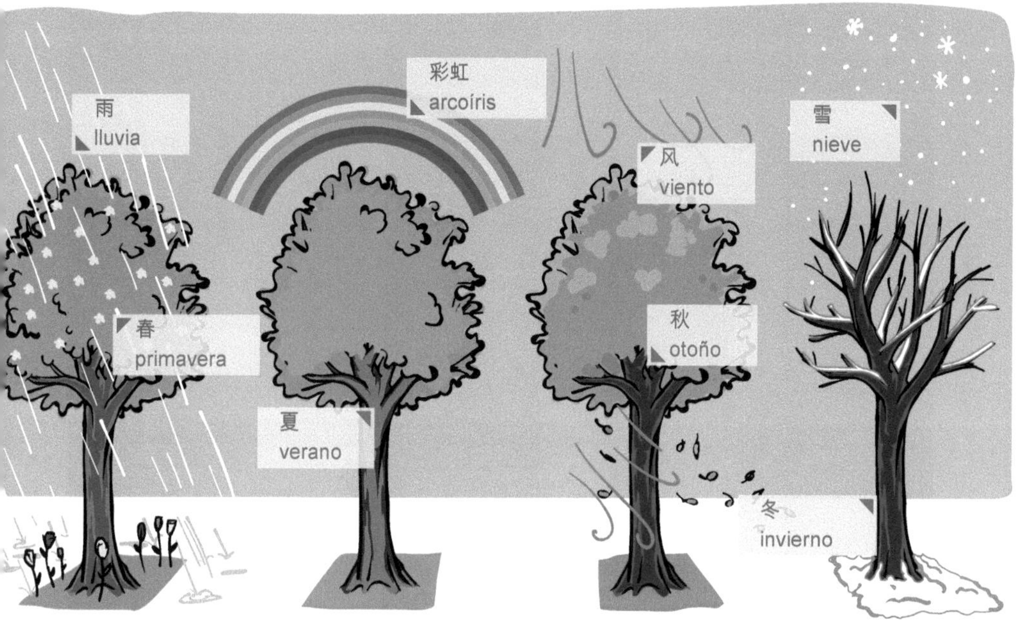

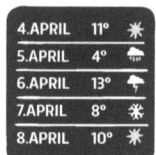

天气预报

pronóstico del tiempo

F
C
120
90
60
30
0
-30
40
30
20
10
0
-10
-20

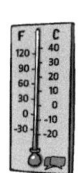

温度计

termómetro

阳光

sol

云

nube

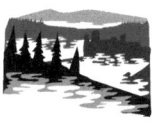

雾

niebla

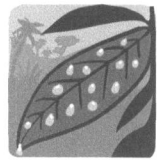

潮湿

humedad

闪电

rayo

打雷

trueno

风暴

tormenta

冰雹

granizo

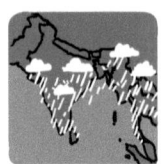

季风

monzón

洪水

inundación

冰

hielo

一月

enero

二月

febrero

三月

marzo

四月

abril

五月

mayo

六月

junio

七月

julio

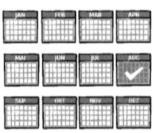

八月

agosto

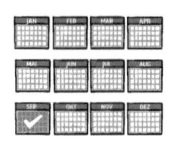

九月

septiembre

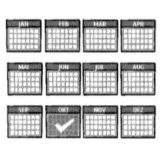

十月

octubre

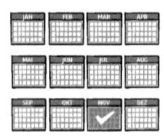

十一月

noviembre

十二月

diciembre

圆形

círculo

正方形

cuadrado

长方形

rectángulo

三角形

triángulo

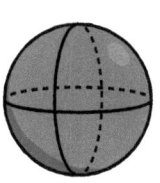

球体

esfera

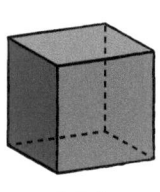

立方体

cubo

白
....
blanco

黄
....
amarillo

橙
....
anaranjado

粉
....
rosa

红
....
rojo

紫
....
morado

蓝
....
azul

绿
....
verde

棕
....
marrón

灰
....
gris

黑
....
negro

很多/少许

mucho / poco

生气/平静

enojado / tranquilo

美/丑

bonito / feo

首/尾

principio / fin

大/小

grande / pequeño

明/暗

claro / oscuro

兄弟/姐妹

hermano / hermana

干净/肮脏

limpio / sucio

完整/缺失

completo / incompleto

白天/晚上

día / noche

死/生

muerto / vivo

宽/窄

ancho / estrecho

可食用/非食用

comestible / no comestible

邪恶/善良

malo / amable

兴奋/无聊

entusiasmado / aburrido

胖/瘦

gordo / delgado

第一/最后

primero / último

朋友/敌人

amigo / enemigo

满/空

lleno / vacío

硬/软

duro / blando

重/轻

pesado / ligero

饿/渴

hambre / sed

生病/健康

enfermo / sano

非法/合法

ilegal / legal

聪明/愚笨

inteligente / tonto

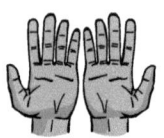

左/右

izquierda / derecha

近/远

cerca / lejos

新/旧
nuevo / usado

没有/有些
nada / algo

老/幼
viejo / joven

开/关
encendido / apagado

打开/合上
abierto / cerrado

安静/吵闹
silencioso / ruidoso

富/穷
rico / pobre

对/错
correcto / incorrecto

粗糙/光滑
áspero / suave

伤心/高兴
triste / contento

短/长
corto / largo

慢/快
lento / rápido

湿/干
húmedo / seco

温暖/凉爽
cálido / frío

战争/和平
guerra / paz

数字

números

números

0

零
cero

1

一
uno

2

二
dos

3

三
tres

4

四
cuatro

5

五
cinco

6

六
seis

7

七
siete

8

八
ocho

9

九
nueve

10

十
diez

11

十一
once

12
十二
doce

13
十三
trece

14
十四
catorce

15
十五
quince

16
十六
dieciséis

17
十七
diecisiete

18
十八
dieciocho

19
十九
diecinueve

20
二十
veinte

100
百
cien

1.000
千
mil

1.000.000
百万
millón

英语

inglés

美式英语

inglés americano

普通话

chino mandarín

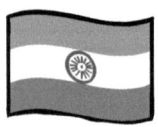

印地语

hindi

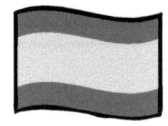

西班牙语

español

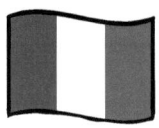

法语

francés

阿拉伯语

árabe

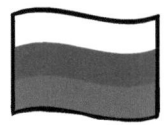

俄语

ruso

葡萄牙语

portugués

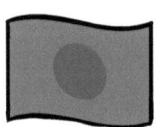

孟加拉语

bengalí

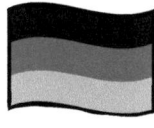

德语

alemán

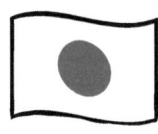

日语

japonés

我
yo

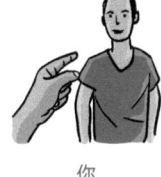

你
tú

他/她/它
él / ella / ello

我们
nosotros/as

你们
vosotros/as

他们
ellos/as

谁？
¿quién?

什么？
¿qué?

怎样？
¿cómo?

哪里？
¿dónde?

什么时候？
¿cuándo?

名字
nombre

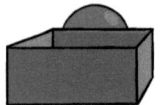

后面

detrás

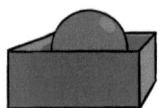

里面

en

前面

delante de

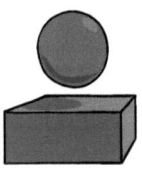

上方

por encima de

上面

sobre

下面

debajo de

旁边

junto a

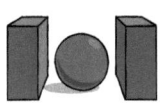

中间

entre

地点

lugar